AF237189

Zwanzig Zwanzig

Erepheus

ZWANZIG ZWANZIG

Gedichte, Lieder, Zeichnungen

Bibliografische Information der Deutschen Nationalbibliothek
Die Deutsche Nationalbibliothek verzeichnet diese Publikation
in der Deutschen Nationalbibliografie; detaillierte bibliografische
Daten sind im Internet über http://dnb.d-nb.de abrufbar.

Layout: Holger Warschkow
Cover-Illustration: pixabay.com (Bearbeitung: Holger Warschkow)
Zeichnungen: Erepheus (Bearbeitung: Holger Warschkow)
Korrektorat: Christian Ziegler

Herstellung und Verlag:
BoD – Books on Demand, Norderstedt

ISBN: 9783751967051

INHALT

VORWORT

Es ist dreißig Jahre her, seit ich mein erstes Gedicht geschrieben habe. Der Augenblick des Staunens, als das ästhetische Gewebe aus Rhythmus, Bedeutung und Ahnung wie ein Echo aus unentdeckten Weiten in meinen Ohren klang, ist mir noch immer in deutlicher Erinnerung. Anlässlich des Jubiläums habe ich mich entschlossen, einige der seither entstandenen Gedichte auszuwählen und meinen Lesern in der Hoffnung vorzulegen, sie können meine Freude daran teilen.

Es ist die Zahlensymmetrie des Jahres 2020, die mich dazu bringt, genau vierzig Texte auszuwählen und diese in zwei gleich große Gruppen zu teilen. Die ersten zwanzig Gedichte haben die Liebe zum Gegenstand, die letzten kreisen um das Leben und seine alltäglicheren Merkwürdigkeiten.

Dabei handelt es sich durchgängig um gereimte Lyrik, obwohl ich mir des Anachronismus durchaus bewusst bin. Ich wage es, die Texte in die Hände meiner Leser zu legen, auch nicht, weil ich denke, dass alte Formen besser wären, oder weil ich wünsche, ihnen etwas längst Entwöhntes noch einmal zuzumuten, sondern allein, weil ich glaube, dass es sich um meine gelungensten Schöpfungen handelt.

Gleichwohl bin ich nicht der Einzige, dessen Interesse an Gereimtem trotz der dankenswerten Fülle an formbefreiter Lyrik fortbesteht. Gelegentlich finde ich Dichter sogar über einen Gegensatz zwischen unsinnlicher Zersplitterung und lustvollem Gesang schreiben. Daraus scheint mir der egalitäre Wunsch zu sprechen, dass auch der gereimten Lyrik ein Platz am behaglichen Feuer der Leseleidenschaft vergönnt sein möge.

Geometrische Formen spielen in dem Bändchen also eine gewisse Rolle. Aus dem Grund habe ich mich für zwei Epigraphe entschieden, die bekannte Symbiosen von Form und Inhalt darstellen: zunächst ein modernes Haiku, das nicht aus Japan, sondern aus Südkorea stammt und statt aus drei nur aus zwei Versen besteht – denn alle Form unterliegt dem Wandel – und dann ein klassisches Rubai aus dem antiken Persien – denn aller Wandel geht auf eine Urform zurück.

Die sechs der Sammlung eingestreuten Lieder versinnbildlichen eine Variante der gleichen Symbiose. Denn manchmal, wenn die Gedichte wie schimmernde Perlen vor mir liegen, führt mich die Freude zu einer Melodie. Den kurzen Ausblick auf diese

Schaffensseite möchte ich keinesfalls versäumen.

Die Zeichnungen sind auf Seite 23 Breaking the waves (by looking at them), 2007, nach Motiven aus: Andrej Tarkowskij „Серкало" (UdSSR 1975), auf Seite 32 And disbelieve, 2007, nach Motiven aus: Charles Laughton „The night of the hunter" (USA 1955), auf Seite 49 Listening to the storyteller, 2019, nach Motiven aus: Ciro Guerra „El abrazo de la serpiente" (Kolumbien 2015) und schließlich auf Seite 66 Fetch me an apple, John, 2007, erneut nach Motiven aus: Charles Laughton „The night of the hunter" (USA 1955).

Leipzig, 2020

LIEBEN

살자니 고통이요,
Zu leben ist Qual,
죽자니 청춘이로다.
zu sterben ist Jugend.

Shim Hunsu

ZIEGENBRUCH

Herr Ziegenbruch ging wandern
von einem Ort zum andern
und kam in eine Stadt,
die hieß La grande blatte
und lag, ich glaub, in Flandern.

Am Brunnen in dem Städtchen
saß halb entblößt ein Mädchen,
das zog den armen Mann
wie Licht die Motte an
und auf wie Uhrenrädchen.

Er gab ihr seinen Namen,
als sie ins Plaudern kamen,
und darauf sagte sie:
„Mon chére, isch eiß Marie."
Da gab er auch sein Amen.

Und als die Nacht sich senkte,
die ganze Welt ertränkte,
beschwor Marie soviel
erregtes Glücksgefühl,
das er mit Wein vermengte,

und führte unter Lachen
ihn ins Hotel Voor Zagen,
wo er, bevor er nackt,
vom Schlaf schon war gepackt
und träumte wüste Sachen.

Der Morgen war ein grauer
und düstrer Regenschauer:
der fand ihn ohne Geld
und einsam in der Welt,
vielleicht nicht einmal schlauer.

DAS BRANDLOCH

Er kommt in Schlips und Anzug
zu dir und lächelt still,
als wäret ihr Bekannte.

Du ahnst nicht, was er will,
umklammerst deine Tasche
und ziehst die Stirne kraus:
„Wenn der mir etwas antut,
dann ist es mit mir aus!"

Und allerlei Gedanken,
die fallen dir jetzt ein.
Man kennt sie schon vom Fernsehn,
kann kurz und bündig sein:
du siehst dich selbst als Opfer,
vom bösen, fremden Mann
gekränkt, gequält, gefoltert.

Er ist gleich da und dann:

Er geht an dir vorüber,
als wärest du nur Luft,
die stinkend von Verdachten
im Sonnenlicht verpufft.

Du stehst und starrst ein Brandloch
in sein Jackett hinein,
als er mit einer andern
zieht heim.

IM BUNTEN BAUM

Im bunten Baum verträumt ein junger Pan die Zeit.
Sein Haar ist Gold und golden ist sein schlanker Leib,
er pfeift ein Lied auf Lippen rot wie Blut und Wein:
die ganze Welt strömt seinen Wangen aus und ein.
Er winkt mir zu mit seinem linken kleinen Zeh,
mir stockt die Luft und mich zerreißt ein heißes Weh:
ich fall ins Gras, so grausam schmerzt die enge Brust
von allzu lang und allzu viel verlegter Lust.

VOR EINER DORNENHECKE

Ich fürcht mich so vor meiner Schwäche:
sie knebelt mich mit großer Kraft,
drum habe ich es nie geschafft,
dass ich ganz mutig mit dir spräche
und so den Fluch zuletzt durchbräche.

Stattdessen fällt mein Blick zur Erde,
wann immer du die Augen hebst
und sorglos nach den meinen strebst,
sodass ich rot und röter werde
und wie ein Dummkopf mich gebärde.

Wer meint, dass wir ein Schicksal seien,
der irrt, denn du bleibst immer fern,
ganz gleich, wie sehr ich wirklich gern
noch wüsste, ob – du wirst verzeihen –
ein Kuss von dir uns kann befreien.

IN SEENOT

Dein Lachen fließt den Kopfsteinweg
hinunter bis ins Meer,
das frei und weit ist, manchmal schräg,
doch läuft es niemals leer.

Dein Mund gleicht einem Segelboot
und glänzt im Sonnenlicht;
ich bin ein Mann in Meeresnot,
doch rettest du mich nicht.

Mein Herz, das all dein Lachen säuft,
hofft aber nur auf eins:
dass, wenn dein Boot auf Grund einst läuft,
gekapert ist und meins.

DER SCHNEEMANN

Komm he - rein und schließ die Tür,
Komm, wir wer - den glück - lich sein,

schließ die Tür und komm he - rein!
wer - den glück - lich sein, nun komm!

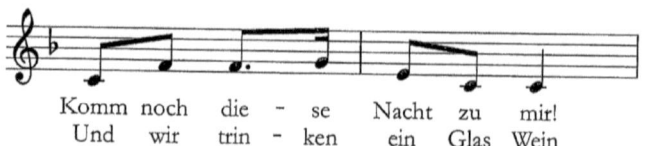

Komm noch die - se Nacht zu mir!
Und wir trin - ken ein Glas Wein

Mor - gen wird es bald schon sein. Hab
auf les femmes und auf les hommes. Bleib

kei - ne Scheu und komm doch her,
doch bei mir und komm he - rein,

komm doch her, hab kei - ne Scheu! Ich
komm he - rein und bleib bei mir! Denn

mag dich doch, dich doch so sehr.
mor - gen wird es bald schon sein.

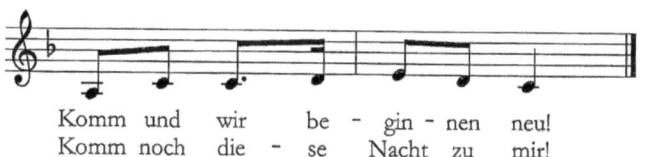

Komm und wir be - gin - nen neu!
Komm noch die - se Nacht zu mir!

UNTEN AM FLUSS

Unten am Fluss, wo das ewige Leben
alte Ruinen mit Efeu bedeckt,
hat mir mein Liebster die Liebe geweckt,
als er mir lachend drei Küsse gegeben.

Später am Feuer mit glühenden Wangen
gab ich dem Liebsten die Küsse retour,
so wie der Wind in den Feuerschoß fuhr,
wuchs und erfüllte sich unser Verlangen.

Dann sind im Wasser wir beide geschwommen,
nackt wie die Fische, die silberne Haut
hat der verschlafene Mond nur geschaut,
ist überrascht durch die Wolken gekommen.

BEKENNTNIS

Ich habe heute Nacht
die Ängste ausgezogen
und dich nicht mehr belogen
und mich nicht mehr bedacht.

Ich habe heute Nacht
von deiner Haut getrunken
und tief in dir versunken
die Sehnsucht weggewacht.

Ich habe heute Nacht
auf deines Körpers Wogen
die Ewigkeit durchzogen
und staunend zugebracht.

Ich habe heute Nacht
den schönsten, reinsten Jungen
mit Haut und Haarn verschlungen
und dann sehr laut gelacht.

LIEBESWAHL

Die Zeit isst einen Apfelkuchen
auf einer bunten Sommerwiese,
den stahl sie einer dummen Liese
und diese muss ihn seither suchen.

Die Liese findet einen Jungen,
der will ihr einen Kuchen machen
und abends sind sie ohne Sachen
mit Lachen gleich ins Heu gesprungen.

Im Heu steht eine Sprossenleiter,
die führt gerade zu den Sternen
und unter diesen ewig fernen
Laternen fließt das Leben weiter.

WIE WUNDERS

Ein   klei - ner Vo - gel
Ich   schloss   ihn sacht   in
und   im - mer, wenn   er
komm, klei - ner Vo - gel,

kam__ zu   mir,   kam__ zu   mir ge -
mei__ ne Hand,   mei__ ne Hand und
bei__ mir   ist,   bei__ mir   ist, dann
komm zu mir,   komm zu   mir ge -

flo - gen ei__   nen__   Mor - gen, ge -
strei - chel-te__   sein__   Röck - chen und
klin - gelt's jetzt__ wie__   wun - ders, dann
flo - gen heut__ und__   mor - gen, ge -

- 24 -

flo - gen ei___ nen___ Mor - gen und
strei - chel-te___ sein___ Röck - chen, da
klin - gelt's jetzt___ wie___ wun - ders, doch
flo - gen heut___ und___ mor - gen, ich

hat mit Zwit-schern mu - si - zie - rend
zog er mir mit ro - tem Band ins
wenn er mal wo - an - ders nis - tet,
strei - che - le das Röck - chen dir und

weg - ge - tan___ mein___ Sor - gen.
Herz ein Zau___ ber___ glöck - chen
klagt's und weint's für___ hun - dert:
du ver - scheuchst die___ Sor - gen!

LAUTER TRÄUME

Der Mond erklimmt die schiefen Bäume
und trinkt den Himmel leer.
Die Weiden bergen schwarze Räume,
darinnen schwimmen lauter Träume
wie Fische tief im Meer.

Die Bäume stehn wie Schloss und Riegel,
da hat man seine Ruh.
Der Mond füllt einen Wasserspiegel,
der See, ein blank geputzter Tiegel,
dreht ihm den Rücken zu.

Das nimmt der Mond als schlechtes Zeichen
verneigt sich, um zu gehn.
Die langen Weidenröcke weichen
sich auf im See, als würd es reichen,
auf einem Bein zu stehn.

DER TEUFELSKREIS

Die Sonne steht im Vorderzimmer
als stilles Hopper-Imitat,
doch in der Ecke hockt noch immer
ein Schatten auf dem Laminat,

der kann sich nicht mehr kleiner machen,
muss wachsen gegen dieses Licht
und springt beherzt wie alle Schwachen
der Diktatorin ins Gesicht,

bekämpft die Sonne, bis sie schwindet,
und weint, als er gewonnen hat,
denn schon am nächsten Morgen findet
dasselbe Spiel noch einmal statt.

DAS FAHRRAD

Ein Fahrrad stand
an einer Wand
und glänzte in der Sonne.
Es war ganz bunt
gestrichen und
gehörte einer Nonne.

Die Nonne saß
beim siebten Glas
Likör im Pfarrhaus drinnen.
Sie lachte laut,
die gute Braut
des Herrn, und kam von Sinnen.

Des Pfarrers Hund
war auch da und
hob's Bein an einen Reifen.
Das Fahrrad stand
an seiner Wand
und konnt es nicht begreifen.

Spät kam die Nonn,
da war die Sonn
schon längst am Untergehen,
und hielt den Bauch
und schwankte auch,
als wär ihr was geschehen.

MODERNE TRENNUNGSGRÜNDE

Dreihundertfünfundsechzig Tage
lang habe ich dir zugesehn,
jetzt wird es Zeit, dass ich dir sage:
so kann es nicht mehr weitergehn!

Denn was vor allen andern Dingen
mich so an dir zur Weißglut treibt,
ist deine Art Ihmätsch zu singen,
obwohl es sich Imagine schreibt.

Auch kann ich es besonders leiden,
wenn du beim Kaun den Mund nicht schließt!
Ich schwör dir unter tausend Eiden:
im Märchen macht das nur das Biest!

Es stört mich so dein Reinheitsfimmel:
zwei Stunden ist das Bad besetzt
an jedem Tag! Die Wand treibt Schimmel
und hat schon Blasen angesetzt!

Und wie du schnarchst, wenn andre schlafen!
Du lachst, als ob ein Seehund bellt!
Als wir uns letzten Sommer trafen,
hast du dich vorbedacht verstellt!

Ich sage dir in aller Liebe,
die ich noch aufzuspürn vermag:
wenn ich noch länger bei dir bliebe,
dann träfe mich gewiss der Schlag!

POEMATA

Himmels‑ho - he   Menschen‑wor - te,
Heu‑te muss ich   wi - der - le - ben
Sanf‑te Lie - der   wollt ich sin - gen,
spie‑len Kö - nig,   spie‑len mäch - tig,

die   nur Schein   und   Lü‑ge sind,
oh - ne   Fra - gen,   oh‑ne Grund.
doch mein En - gel   mag es schrill,
tra - gen Krü - cken   un‑term Rock.

ja - gen's Me - ga - hertz in for - te,
Schlürf den Wein   aus   Feu‑er‑re - ben:
al - so wer - de   ich ihm brin - gen,
Samt und Pur - pur!   Ach, wie präch - tig

tö - ten mir   mein   See - len‑kind,
lus - tig ga - ckern   soll   der Mund!
was   er von   mir   ha - ben will.
hum‑pelt noch   der   dümms‑te Bock!

spie - len Kö - nig,   spie - len mäch - tig,
Him-mels-ho - he   Men-schen-wor - te,
Heu - te muss ich   wi - der - le - ben
Sanf - te Lie - der   wollt ich sin - gen,

tra - gen Krü - cken   un-term Rock.
die nur Schein und   Lü - ge sind,
oh - ne Fra - gen,   oh - ne Grund.
doch mein En - gel   mag es schrill,

Samt und Pur - pur!   Ach, wie präch - tig
ja - gen's Me - ga -   hertz in for - te,
Schlürf den Wein aus   Feu - er - re - ben:
al - so wer - de   ich ihm brin - gen,

hum-pelt noch der   dümms-te Bock!
tö - ten mir mein   See - len-kind,
lus - tig ga - ckern   soll der Mund!
was er von mir   ha - ben will.

Sanf - te Lie - der   wollt ich sin - gen,
spie - len Kö - nig,   spie - len mäch - tig,
Him-mels-ho - he   Men-schen-wor - te,
Heu - te muss ich   wi - der - le - ben

doch mein En - gel   mag es schrill,
tra - gen Krü - cken   un-term Rock.
die nur Schein und   Lü - ge sind,
oh - ne Fra - gen,   oh - ne Grund.

al - so wer - de   ich ihm brin - gen,
Samt und Pur - pur!   Ach, wie präch - tig
ja - gen's Me - ga -   hertz in for - te,
Schlürf den Wein aus   Feu - er - re - ben:

was er von mir   ha - ben will.
hum - pelt noch der   dümms - te Bock!
tö - ten mir mein   See - len-kind,
lus - tig ga - ckern   soll der Mund!

DER UNGEBETENE GAST

Die Einsamkeit ist heut mein Gast.
Ich hab sie aufgenommen,
als du gereizt bedauert hast,
du könnest doch nicht kommen.

Mein Gott, sie sah verwildert aus,
durchnässt vom kalten Regen!
Sie sagte, welches Glück, das Haus
sei wirklich abgelegen!

Und draußen goss es ohne Zahl
an alle Fensterscheiben:
ich hatte also keine Wahl
und bat, sie solle bleiben.

Zum Wärmen machte ich uns Tee,
den trank sie mit Behagen
und sprach aus Dank mit süßem Weh
von längst vergessnen Tagen.

Und später – weit nach Mitternacht,
wie Jahre warn die Stunden! –
da hab ich ihr ein Bett gemacht,
das hat sie nett gefunden.

Am nächsten Morgen sah ich sie
hochrot mit vierzig Fieber!
Sie sprach ganz schwach, sie bliebe nie,
wenn mir das wäre lieber.

Ich hatte wieder keine Wahl
und bat, sie soll nicht gehen.
Ich gab ihr meinen dicken Schal
und Socken für die Zehen.

Ich hegte sie mit Medizin
zuerst ein bisschen träge,
doch schon mit ganzer Disziplin,
als länger war die Pflege.

Jetzt lebt sie seit sechs Wochen hier:
wie Jahre sind die Stunden!
Du kommst schon lang nicht mehr zu mir,
hast mich verdreht gefunden.

IM MATTEN NEBEL

Im matten Nebel schleicht der Tag,
der uns so fern erschienen
ist, dass ich nicht mehr glauben mag,
dass wir ihn auch verdienen
statt Hoffnung oder spätem Glück,
den zwei so lang Vermissten.

Du seufzt und lehnst dich weit zurück
an harte Bretterkisten
und atmest schwer. So schwer, so schwer,
dass mir das Herz will brechen.
Wir finden keine Worte mehr
und können nichts versprechen.
Das haben wir aus uns gemacht.

Der Frost zerkratzt die Scheiben.

Ich habe ganz umsonst gedacht,
du würdest immer bleiben
bei mir. Bei mir, wo's finster ist,
jetzt, da der Tag uns ablöst.
Dein Schweigen, das die Stille frisst
und das mich mit hinabstößt,
schweigt.

       Aber wir beschwörn nicht mehr
die Tränen auf den Kissen.
Wir laufen keinem hinterher
und üben das Vermissen.

WINTERSEITS

Für so viel Schnee wie dieses Jahr
musst Petrus lange sparen:
es fiel allein im Januar
mehr Schnee als in zehn Jahren.

Da dachte ich, der bleibt bestimmt
für zwanzig Wochen liegen
und dass es mich nicht wundernimmt,
im Mai noch Frost zu kriegen.

Doch schon drei Tage später war
der Schnee nur Schnee von gestern
und über mich begann ein Star
mit Liedern froh zu lästern.

Da dachte ich an unsre Nacht,
an vier schneeweiße Stunden
und dass die ganze Liebesmacht
am Morgen war verschwunden.

DEM GESTERN

Deinen Blick auf meinen Händen
fragst du, wie es mir so geht,
hörst geduldig meinen leisen
Worten zu. Und jedes fleht,
dass du noch ein bisschen länger,
dass du noch ein bisschen mehr
mich so anschaust. Meine Lippen
sind vom Lächeln schon ganz schwer.

„Hast wohl wieder angefangen?",
frage ich vertraut und du
nimmst dir eine Zigarette,
nickst mir mit den Augen zu.
„Darf ich dir mein Feuer geben?"
Viel zu nah kommt dein Gesicht
meinen zitterigen Händen.
Doch die Antwort weiß ich nicht.

ABGESCHMINKT

Lassen Sie uns ehrlich
miteinander reden:
Liebe ist entbehrlich,
aber nicht für jeden.

Nehmen Sie die Lehmann,
diese braucht sie täglich,
aber schon ihrm Ehmann
ist sie unerträglich.

Sieht sie Frau als Titel
lebenslanger Oden,
nimmt sie Mann als Mittel
gegen volle Hoden.

Frau will alles wissen,
Mann will alles dürfen;
sie sucht sie beim Küssen,
er wohl ehr beim Surfen.

Derart geht es weiter
Runde über Runde.
Liebe ist der Eiter
in der Herzenswunde.

Lassen Sie uns offen
miteinander sprechen:
Liebe macht betroffen,
so wie Seitenstechen.

LEBEN

بَر سَنگ زَدَم دوش سَبوىِ كاشى

Gestern zerschlug ich meinen Krug mit Wein

سَرمَست شُدم كه گردَم اين عَیاشى

in meiner Trunkenheit an einem Stein.

با مَن به زَبَان حال میگُفت سَبو

Da sprach des Kruges Scherbe:

مَن چون تو بُدَم، تو نیز چون مَن باشى

„Wie du bist, war ich, und wie ich bin, wirst du einst sein."

Omar Khajjam

EIN GARTEN

Den Garten meines Lebens
umgibt ein hoher Zaun
aus Angst, weshalb vergebens
die Menschen danach schaun.

Ein Bach zerteilt den Garten
und mahlt die Hoffnung klein,
doch sickern aus dem harten
Gefels noch Träume ein.

An seinen Ufern munter
zwei hübsche Wiesen blühn,
der schwarze Gram darunter
ernährt das zarte Grün.

Ein Dickicht sind die Hecken.
Ich nenne sie Verstand,
denn tief in ihnen stecken
die Rätsel, die ich fand.

Sie überragt ein Laubbaum
aus Dummheit, dieser hat
viel Früchte und ich glaub kaum,
die machten jemals satt.

Das Licht im Garten Eden
ist meine größte Lust,
von ihm kann ich nicht reden,
sonst zittert meine Brust.

Mein Glück ist eine Laube
verborgne Utopie,
sobald ich nichts mehr glaube,
gelange ich an sie.

Und tausend Blumen schicken
den Duft des Sommers her:
Orangen, Rosen, Wicken.
Wie Wörter voll und schwer.

ANTHROPOLOGIE

Ein Elektron spinnt feine Kreise
um einen positiven Kern
und bleibt ihm doch für immer fern
auf seiner negativen Reise.

Ein Elektron, wenn man es lenkte
aus seinem ewig gleichen Trott,
es suchte einen andern Gott,
der ihm ein neues Zentrum schenkte.

Ein Elektron gleicht einem Bernstein,
umschließt wie er ein seltnes Herz,
das lebt von diesem fremden Schmerz,
und muss ihm doch für immer fern sein.

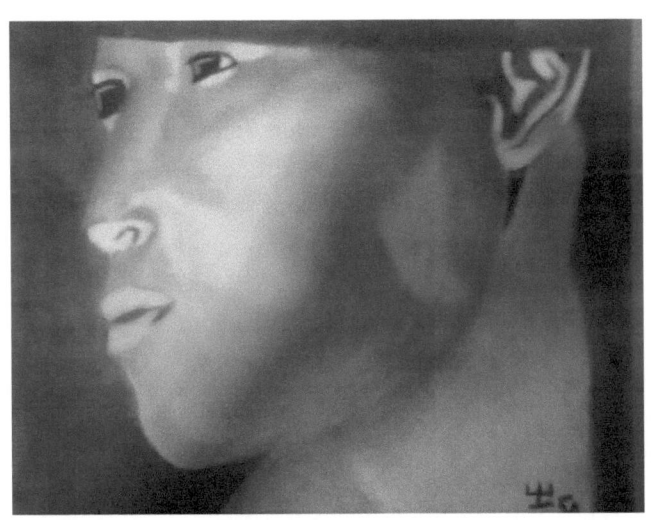

KONSEQUENZEN

Als ich anfing, das Leben zu lernen,
war mein Haus nur ein einfaches Zelt
und ich schlief unter tausenden Sternen,
war der glücklichste Mensch auf der Welt.

So ein Auftakt kennt mehrere Enden,
wie zum Beispiel den Blizzard im Mai;
dieser riss mir mit klirrenden Händen
meine Wohnung und alles entzwei.

Ich war trotzig und wollte es wissen,
zog ein Holzhaus im Sommer empor,
das ein Sturm hätte niemals zerrissen,
und ich lebte dort fast wie zuvor.

Bis ein Feuer mit fiebrigen Pranken
nach dem Haus griff und alles verschwand,
dass ich wieder mit kalten Gedanken
auf den Trümmern der Zuversicht stand.

Mit dem Steinhaus, das später ich baute,
war es auch nicht viel besser bestellt,
denn die Faust eines Erdbebens haute
es zu Kehricht, der gar nichts enthält.

Darum knie ich zuletzt mit der Frage,
ob ein Heim nur aus Eisen noch taugt,
oder ob sich das Ende der Plage
erst zeigt, wenn man kein Haus mehr braucht?

MANDIGAR

"Komm st du mit nach Man-di - gar,
"Komm st du mit nach Man-di - gar,
"Komm st du mit nach Man-di - gar,

willst du mich____ be - glei - ten?"
gehst du auf____ die Rei - se?"
willst du es____ nicht se - hen?"

"Wo liegt die - ses Mandi - gar?"
"Wie komm ich nach Mandi - gar?"
"Was pas - siert in Mandi - gar?"

"Zwi-schen al—— len Zei - ten,
"Wäh - le ei—— ne Wei - se:
"Lernst dich selbst—— ver - ste - hen,

zwi-schen o - ben, un - ten und
nimm ein Schiff, fahr sehn - suchts-voll,
wis - sen, dass der Schmerz ver-geht,

zwi-schen falsch—— und Wahr heit,
nimm Ge - dan—— kes - schwin gen,
wenn die Men—— schen wol— len,

zwi-schen Traum— und zwi-schen Grund,
nimm die Hän— de Zoll um Zoll,
lie - ben, was—— man nicht ver - steht,

zwi-schen Glück—— und Klar - heit."
nimm der Tö—— ne Klin - gen."
oh - ne es—— zu sol - len."

KEIN ANDERER ORT

Ein Mann weht die dunkele Straße hinaus,
sein eiliger Schritt flattert einen Applaus,
der Mond scheint von oben und putzt ihm die Schuh,
der Wind sticht ihn seitlich und jammert dazu;
drum hält er den Hut fest im kalten Begriff
und knotet den Schal wie den Palstek auf Schiff,
verkriecht sich in Bart und in Seele hinein:
kein Ritter im Harnisch könnt wehrhafter sein;
und sieht in kein Fenster und sieht nicht zurück,
fliegt hastig, als hätte ihn einer am Strick,
und rennt noch und rennt noch und rennt immerfort.
Wohin denn? Es ist ja kein anderer Ort!

KALEIDOSKOP

Das Leben ist ein Stirnenrunzeln
aus Grapefruitsaft und Schokolade:
an manchen Tagen ist es schade,
an andern bringt es dich zum Schmunzeln.

Du bist durch Blut und Glück geboren
in dieses janushafte Leben
und was es dir hat mitgegeben,
das hat ein andrer wohl verloren.

Doch was willst du dir daraus nähen?
Ein Seidenkleid mit Rüschenrauschen,
ein Taschentuch zum Taschentauschen?
Und wie willst du dein Leben sehen?

Denn Vieles wird uns zugeschrieben
und hält sich störrisch bis zum Sterben,
doch müssen wir nicht alles erben,
weil Manches sich mit Fleiß lässt üben.

DIE REINIGUNG

Das Wasser fließt die Welt entlang
und fächert helles Grün,
an Steinen hebt sich sein Gesang
so munter, stolz und kühn,
als gäbe es die Steine nicht
und keinen, der von Steinen spricht.

Dann stößt das Wasser Brücken um,
selbst Pfeiler dick und schwer,
und spült das ganze Säkulum
ins tiefe, tiefe Meer,
als wäre diese große Welt
nur Staub, der wie ein Raub zerfällt.

Und schließlich läuft es in die Stadt,
bricht Gullys auf und strömt
gewissheitstief und schicksalsglatt
von Autowracks gekrönt
durch unser falsches Paradies.
Oh, Welle, reine Quelle, fließ!

Es zögert selbst am Himmelsrand
nicht einen Augenblick
und bricht auch dort mit kühler Hand
der Lüge das Genick.
Erst dann wird es allmählich schwer
und sinnt auf keinen Windlauf mehr.

2. OG LINKS

Herr Meier steht im Treppenhaus
und schaut zum offnen Fenster raus,
er träumt und raucht die ganze Zeit
Pueblo light.

Er stellt sich vor, wie das wohl sei,
wär er noch einmal jung und frei,
all das zu tun in dieser Welt,
was ihm gefällt.

„Ein Leben wär's in Saus und Braus",
so malt er sich das Trugbild aus.
„Und Fehler gäb es auch nicht mehr",
versichert er.

Frau Krause kommt vorbei und grüßt,
als er das Fenster wieder schließt.
„Und wie geht's Franz?" „Und Ihrem Kind?"
„Der Herbst beginnt."

Herr Meier schließt die Wohnungstür
und denkt: „Ich kann nicht mehr dafür
als Dagmar, dass sie schwanger war
nach einem Jahr!"

Dann sucht er einen kalten Fleck
in seiner Brust und trinkt ihn weg,
holt ihn zurück und trinkt noch mal
auf Kopf und Zahl.

Und nachts, da wälzt er sich im Bett:
ach, wär er doch und könnt und hätt
sich Dagmar später nicht getrennt…
Das Trugbild brennt.

„Die Krause", denkt er, „hat gegrüßt",
als er die Augen endlich schließt.
„Und wie geht's Franz?" „Und Ihrem Kind?"
Der Herbst beginnt.

DER TOR

Ich hatte gestern Abend,
als Deutschland Fußball sah,
den sonderbaren Eindruck,
als wär noch jemand da.

Ich sah mich ganz verstohlen
nach allen Seiten um,
da hörte ich es flüstern,
es sagte: „Du bist dumm!"

Ich glaubte, mich zu irren,
und hätte fast gegrinst,
da zischte es noch einmal,
es sagte: „Mann, du spinnst!"

Ich machte einen Buckel
und mein Gesicht ganz schmal,
da höhnte es schon wieder:
„Du bist doch nicht normal!"

Ich sprang auf meine Füße,
die Hand zur Faust geballt,
und fauchte in die Leere:
„Noch einmal und es knallt!"

Dann war es plötzlich stille,
so still wie nie zuvor,
bis endlich eine Stimme
von irgendwo rief: „Tor!"

STETER TROPFEN

Das   Le-ben   ei-nes   Ham-mer – hais   hat
Wird   dir   da – her   in   nächs-ter   Zeit   ein

man – che   schö – nen   Sei – ten: das   Tier   weiß
Ham – mer – hai   be – geg-nen,   bring   dich   nicht

nichts   von   Ar – beits – schweiß,   kennt   kei – ne
gleich   in   Si – cher – heit,   fang   an,   das

Strei-tig – kei-ten.   Ein   Dummkopf,   wer   da
Tier   zu   seg-nen,   denn   ste – ter   Tropfen

nicht ver - steht, dass ei - ner, dem es
höhlt den Stein und ist es bes - ser,

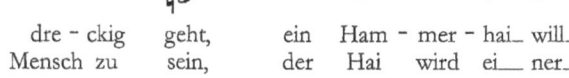

dre - ckig geht, ein Ham - mer - hai_ will_
Mensch zu sein, der Hai wird ei__ ner_

wer_____ den.
wer_____ den.

STATUS QUO

Die Welt gleicht einem Becher,
der abertausend Löcher
besitzt, durch die der Rest
von jedem kurzen Leben
als Strom und stetes Streben
die Gegenwart verlässt.

Ich hab mich eingerichtet,
gehofft, gelernt, verzichtet
und lebe hier und jetzt.
Das Heute gibt's nur heute,
doch das, ihr lieben Leute,
wird zu oft unterschätzt.

Denn, wie man's dreht und wendet,
beginnt die Welt und endet
mit einem großen Knall
und zwischen diesen beiden
liegt eine Zeit der Leiden
und Glück von Fall zu Fall.

DIE ZEIT

Und was kann denn die Zeit dafür,
dass sie so schnell vergeht?
So wenig, wie die Mautgebühr
für das, worauf sie steht.
Denn ist die Zeit nicht wie das Geld
und hat nicht alles seinen Preis?
Wie gerne man sich auch verzählt,
am Ende steht es schwarz auf weiß
und wie von Teufelshand gemalt,
dass du ein Schuldner bist.
Was glaubst denn du, wer das bezahlt,
was du hier trinkst und isst?
Zwar mancher wird dabei geprellt
und oft hört man von Korruption,
doch hat noch keiner nichts bestellt.
Die Zeit vergeht, was macht das schon?

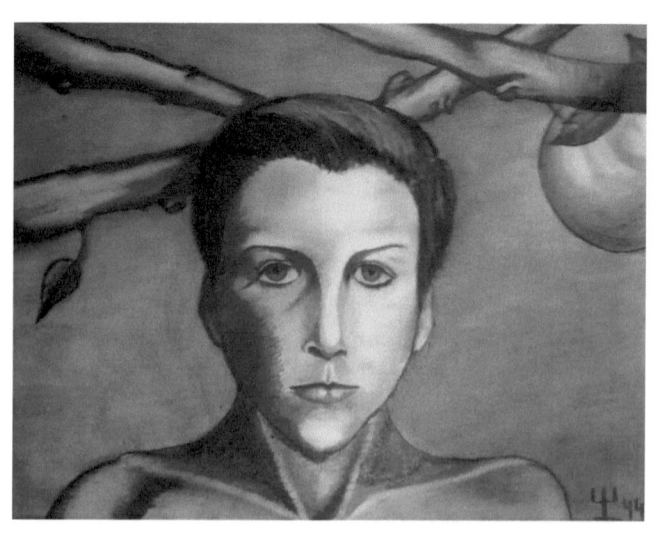

AUF EINEM SPAZIERGANG

Als Herbst von allen Bäumen fiel
und rot und gelbe Lieder sang,
da ging ich einsam ohne Ziel
im Park und auch am Fluss entlang.

Es fiel direkt vor meinen Fuß
ein grünes, junges, zartes Blatt,
dass ich erschrak, wer diesen Gruß,
den bösen, mir gesendet hat.

Zu leeren Kronen sah ich hin,
die gar nichts wussten von dem Fund;
der kalte Wind verschlang mein Kinn,
der heiße Atem meinen Mund.

BÜRGERWEHR

Da kommen doch vor drei, vier Tagen
zwei Männer nachts vor meine Tür
und ich hör dumpf den einen sagen:
„Hier isses jut, wir bleiben hier."

Ich hoch und hin auf Zehenspitzen,
da schnarcht es plötzlich wie ein Bär
durchs Holz und alle Türenritzen.
Mein Kinn wird wie aus Blei so schwer.

Noch bin ich mir nicht völlig schlüssig,
wie ich drauf reagieren soll,
da läuft es schon von draußen flüssig
den Boden an der Haustür voll.

Ich ab zum Hörer mit drei Sprüngen
und bin schon bei der Polizei:
„Sie müssen jemand zu mir bringen,
hier gibt's 'ne riesen Sauerei!"

Nach zehn Minuten Warten hör ich:
ein Wachmann stellt sich draußen vor
und einen müde fragen: „Stör ik?"
Ach, hätt er doch ein Eisenrohr!

Dann klopft der Wachmann und erklärt mir:
„Jetzt haben Sie hier wieder Ruh.
Die gehn ins Loch." Und da entfährt mir
ein langes, sehr zufriednes: „Puh!"

SPINNEN

Spinnen hängen ihre Netze
gerne in den leeren Raum
zwischen den und jenen Baum
ebenso an alle Plätze,
wo sich leicht ein Tier verfängt,
das nicht an die Spinnen denkt.

Spinnen ziehen ihre Beute
aus bis auf das letzte Hemd,
das – obschon das Gleichnis klemmt –
wirkt wie Kleider mancher Leute,
die im Park spazieren gehn.
Doch das musst du selber sehn.

DER NACHT

Die Nacht flutscht aus und fällt
mit ihrem Hintern schwer
auf meine heile Welt
und jammert umso mehr,
als tief in ihrer Ritze
jetzt steckt die Kirchturmspitze.

Ihr Weinen puncht herab
und sammelt sich in Seen
um einen letzten Pub,
in dem die Leute stehn
an hell erschreckter Scheibe
mit dunstverwischtem Leibe.

Sie starren in den Schoß
der alten Vettel Nacht.
Der schnelle, harte Stoß
hat sie verrückt gemacht.
Man fragt: „Wie spät nur ist es?"
Und hört: „Mein Gott, wie pisst es!"

Ein Weib erreicht die Tür
und wittert in die Luft:
„Es ist erst viertel vier!"
Es pischt und pascht und pufft.
Das Weib begafft den Himmel:
„Der Nacht hat einen Pimmel!"

ABENDUNTERHALTUNG

Auf dem Klo, da sitzt ein Mann, starrt die
"Jetzt ist´s a - ber höchs-te Zeit", denkt der
Auf die Knie - e geht der Mann, fasst die

Bad - ta - pe - te an, träumt von ro - ten
Mann und tut sich leid, weil er ein - mal
Bad - ta - pe - te an, greift sich an die

Ro - sen, weiß nicht, was er sonst noch
muss - te, zieht die Ho - se in den
Keh - le, reißt die Au - gen auf und

soll, sitzt und war - tet kum - mer - voll
Schritt, als Freund Hein in´s Zim-mer tritt,
auf, setzt ein Rö - cheln o - ben - drauf,

mit ver - rutsch - ten Ho___ sen.
völ - lig au - ßer Pus___ te.
dann ent - flieht die See___ le.

Drüben la-chen sie grad laut_____ ü-ber Wit-ze,
Drüben la-chen sie jetzt. laut_____ ü-ber Wit-ze,
Drüben la-chen sie noch laut_____ ü-ber Wit-ze,

die ver_saut_____ an dem Bildschirm kle - ben,
die ver_saut_____ aus dem Bildschirm plän - keln,
die ver_saut_____Stimmung pro - du - zie - ren,

trin - ken da - zu kal - tes_____ Bier,_____
rau-chen wie ein O - fen_____ rohr,_____
sind ganz nah he - ran - ge_____ rückt_____

das sie spä - ter wie - der_ hier_____schweigend
beu-gen sich be - geis - tert_ vor,_____ wa - ckeln
und stehn him - mel - hoch be_ glückt_____ da auf

von sich ge_____ ben.
mit den Schen_____ keln.
al - len Vie_____ ren.

DIE BÖSEN LEUTE

Wenn man es einmal eilig hat und
    nicht mehr trödeln kann,
dann kommen ganz besonders viele
    Leute plötzlich an
und zwingen dir Entsagung auf, denn
    sie benehmen sich,
als drehte sich die Welt um sie, wo
    sie sich dreht um dich;
doch diese Leute, braver Mann, sind
    nicht wie du und ich.

Wenn man vergnügt und sorglos ist, dann
    schrein sie einen an
und werfen einem Dinge vor, für
    die man gar nichts kann,
aus heiterm Himmel fluchen sie und
    manchmal haun sie zu;
du wehrst dich oder wehrst dich nicht, sie
    geben keine Ruh,
denn diese Leute, guter Mann, sind
    nicht wie ich und du.

Wohin man auch die Schritte lenkt, man
　　trifft sie irgendwann,
die bösen Leute lauern schon und
　　greifen jeden an;
sie wittern eine gute Haut und
　　lassen nicht von ihr,
bis man aus ihr herausfährt, denn das
　　Eine merke dir:
die bösen Leute, braver Mann, warn
　　früher so wie wir.

AUF REISEN

Müde von des Tages Lasten,
kaum noch einen Wunsch als ruhn,
kurz die Augen zuzutun,
will sie nur ein Weilchen rasten,
parkt das Auto unter Bäumen,
schließt die Türn von innen ab,
stellt die Lehne ein auf Nap,
seufzt und fängt gleich an zu träumen.

Doch während sie auf sanften Wogen
sich weit entfernt aus ihrem Van,
da rollt das Auto plötzlich, denn
die Bremse ist nicht angezogen!

Führerlos bergrauf und -runter,
links und rechts und gradeaus
findet es allein nach Haus,
wo sie – endlich wieder munter –
steigt mit Augen voll Entsetzen
aus dem Van und ist ganz alt,
spürt in ihrem Innern kalt
Zeit und Schicksal sie verletzen.

OHNE SALZ

Die Wellen werfen sich an Land
und fragen mich, wer ich einst war.
Dann löschen sie mit grauem Sand
die Spuren aus dem Inventar.

Und lassen mich am Strand zurück,
wie eine leere Muschel schweigt.
Ich lebe noch das letzte Stück
nicht wissend, was die Ebbe zeigt.

Über den Autor

Erepheus stammt aus dem anhaltischen Wittenberg, entschied sich aber schon früh für seine Wahlheimat Leipzig. Hier war er einige Zeit für das Haus des Buches tätig, übernahm für ein Literaturmagazin die Aufgabe des Lektors und arbeitete in verschiedenen Verlagen. Darüber hinaus brachte er auf Lesungen und Festivals bereits eigene Werke zu Gehör. Die Liebe zu Literatur und Sprache spiegelt sich auch in seinem beruflichen Alltag wider, in dem er seit vielen Jahren als Deutschlehrer wirkt. Seine subtilen Texte sind durch ihre klare Sprache charakterisiert und führen oft in unerwartete Abgründe. Dabei geht es ihm stets um die Verortung des Einzelnen im alltäglichen Geflecht aus Beziehungen, Schicksalen und Zufällen.

Nach Split EP, der gemeinsamen Debüt-Veröffentlichung mit Holger Warschkow, in der er sich der Lyrik und Kurzprosa widmete, sowie den Erzählbänden Irrfahrer und Layamon liegt nun mit 2020 sein erster reiner Gedichtband vor.